Customer Experience
Vom Produkt zum Erlebnis

1. Auflage September 2024

Alle Rechte vorbehalten
Copyright © 2024 Stefan Voss, Hamburg

ISBN 9798338671917

Diverse Abbildungen wurden unter Verwendung von Ressourcen von Flaticon.com erstellt. Für den Inhalt verlinkter Websites ist ausschließlich der jeweilige Betreiber verantwortlich. Wir haben keinen Einfluss auf die verknüpften Seiten und übernehmen hierfür keinerlei Haftung.

Verstehe Customer Experience ...

„Der Kunde ist der wichtigste Besucher in unserem Haus. Er ist nicht von uns abhängig – wir sind von ihm abhängig."
Mahatma Gandhi

Kundenorientierung und Customer Experience (CX) sind mehr als nur ein Trend oder ein neues Buzzword – sie sind der Schlüssel zu erfolgreicher Markenführung in der digitalisierten Welt. In einer Welt, in der Produkte und Dienstleistungen zunehmend austauschbar werden, gewinnt die Customer Experience – das ganzheitliche Erlebnis eines Kunden mit einem Unternehmen – an entscheidender Bedeutung. Sie ist der Schlüssel zur Differenzierung im Wettbewerb und bildet die Grundlage für langfristige Kundenbeziehungen, Markentreue und nachhaltigen Unternehmenserfolg.

Dieser praxisorientierte Ratgeber wendet sich an Fach- und Führungskräfte in Unternehmen und Agenturen, die ihre Kompetenzen im Bereich Customer Experience aufbauen oder vertiefen möchten. Er bietet einen strukturierten Überblick über die wesentlichen Aspekte des Themas – von den Grundlagen des Customer Experience Managements über die Transformation von Produkten zu Erlebnissen bis hin zu Zukunftstrends und deren Auswirkungen auf die Kundenbeziehung.

... halte dabei die Übersicht,

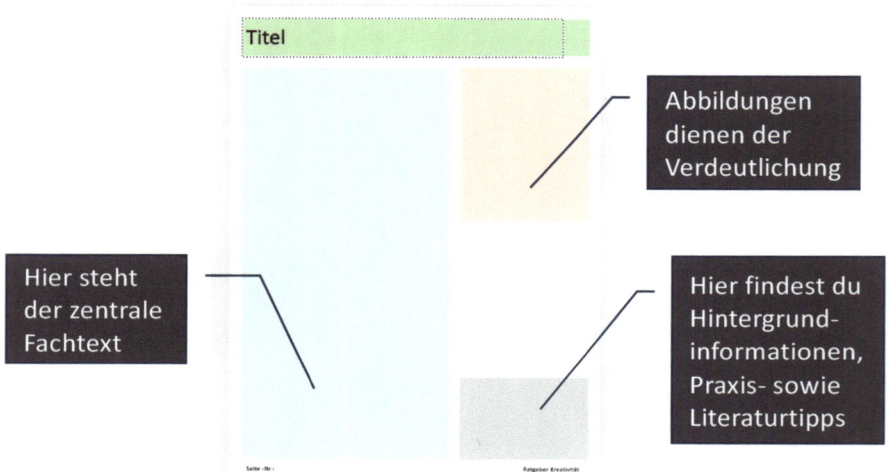

Dieser kleine Ratgeber ist ganz einfach aufgebaut: Jede Seite besteht aus einem zentralen Fachtext mit unterstützenden Abbildungen, Hintergrund-informationen sowie Praxis- und Literaturtipps. So gewinnt der Leser schnell einen guten Überblick über die unterschiedlichen Aspekte der Markenführung, passende Techniken und mögliche Handlungsfelder. Da gilt dann nur noch: Einfach mal ausprobieren!

Im vorliegenden Ratgeber wurde bewusst die Du-Form gewählt, um eine persönlichere und zugänglichere Ansprache zu ermög-lichen. Zudem gibt es keine gender-spezifischen Formulierungen, vielmehr werden alle Geschlechter gleichermaßen angesprochen.

... und vertiefe diese Themen:

1. Marken definieren sich über Customer Experience (Einführung)
2. Kundenorientierung als Erfolgsgeheimnis (Grundlagen)
3. Vom Produkt zum Erlebnis (CX-Strategien)
4. Digitale Innovation als Treiber (Technologie)
5. Customer Experience ist Führungsaufgabe (Implementierung)
6. Datenbasierte Entscheidungen (Messung & Optimierung)
7. Die Zukunft des Kundenerlebnisses (Trends & Ausblick)

Jedes Kapitel vermittelt konkrete Handlungsempfehlungen, praxiserprobte Methoden und relevante Fallbeispiele. Der Ratgeber zeigt auf, wie Unternehmen die Customer Experience systematisch gestalten, messen und optimieren können. Dabei werden sowohl die Potenziale digitaler Technologien als auch die zentrale Rolle der Mitarbeiter beleuchtet. Ziel ist es, Praktikern das nötige Rüstzeug an die Hand zu geben, um in ihren Organisationen eine kundenorientierte Transformation anzustoßen und erfolgreich umzusetzen.

Und jetzt wünsche ich viel Spaß beim Lesen,
ganz im Sinne einer guten Customer Experience.

Was ist Customer Experience?

In der heutigen Marketing-Welt hat sich im Zuge einer steigenden Kundenorientierung mit „Customer Experience" (CX) ein neuer Begriff als Schlüssel zum Unternehmenserfolg etabliert und verändert fundamental die Weise, wie Unternehmen agieren und kommunizieren.

In der täglichen Diskussion werden die Begriffe Marke, Marketing, Customer Experience bzw. Kundenerlebnis oft parallel und unscharf verwendet. Dies könnte bei dir zu Verwirrung beitragen. Oder gar den – irrigen – Eindruck erwecken, dass die Customer Experience die Bedeutung von Marken ersetzt hätte.

Bevor wir in die Welt der Customer Experience eintauchen, ist es also wichtig, ein klares Verständnis des Begriffs zu entwickeln. Schauen wir uns zunächst an, wie Customer Experience definiert wird, wie sie sich zu ähnlichen Konzepten abgrenzt und welche wirtschaftliche Bedeutung sie für moderne Unternehmen hat.

Noch eine Anmerkung vorab: Wir werden in diesem Ratgeber häufig aus Gründen der Lesbarkeit und Platzersparnis Customer Experience abkürzen mit CX bzw. CXM für Customer Experience Management.

Denkanstoss

Warum ist Kundenorientierung so wichtig geworden?

In einem Markt, der von Produktgleichheit und intensivem Wettbewerb geprägt ist, entscheidet oft nicht das funktionale Produkt allein, sondern das emotionale Gesamterlebnis des Kunden über Kauf und Loyalität.

Prüfe dich selbst, warum du bestimmte Marken vorziehst oder bewunderst.

Einführung

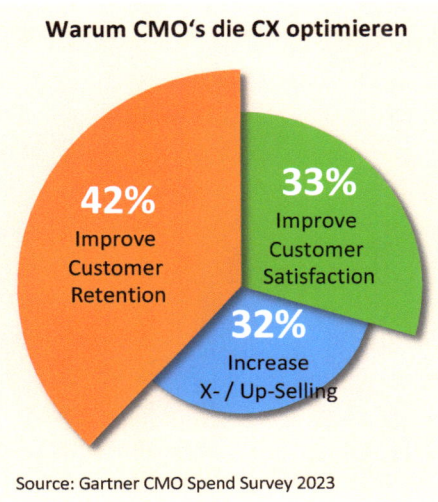

Warum CMO's die CX optimieren

- 42% Improve Customer Retention
- 33% Improve Customer Satisfaction
- 32% Increase X- / Up-Selling

Source: Gartner CMO Spend Survey 2023

Die traditionelle Markenführung umfasst unternehmensseitig kontrollierte Kriterien, die beschreiben, wofür eine Marke steht und wie sie von den Verbrauchern wahrgenommen werden soll. Die Maßnahmen zielen darauf ab, Wahrnehmungen zu prägen und einseitig zu definieren.

Bei der Customer Experience hingegen geht es um die Gesamtheit aller Interaktionen und Erfahrungen, die ein Kunde im Laufe seiner Beziehung mit deiner Marke macht – von der ersten Wahrnehmung über Kauf und Nutzung bis hin zur Produktentsorgung. Die Customer Experience umfasst also jede Interaktion, die ein Konsument mit deiner Marke hat, einschließlich der von dir nicht steuerbaren Interaktionen mit dem Produkt, Dienstleistungen, Mitarbeitern, Websites, sozialen Medien und physischen Geschäften rund um deine Marke.

Auch wenn individuelle Kundenerlebnisse nicht vollständig von Marken und Unternehmen kontrolliert werden können, sind sie heute ein wesentlicher Gestaltungshebel in der Marken-Strategie.

Mit anderen Worten: Während das Branding die Bühne dafür bereitet, wie deine Marke wahr-genommen wird, erweckt die Customer Experience deine Marke durch greifbare Interaktionen, Erlebnisse und Emotionen zum Leben.

Lesetipp

Eric Horster: Customer Experience Management: WOW-Momente ...
Haufe, 2023
ISBN 978-3648169049

Marc-Oliver Opresnik u.a.: Customer Experience Management in 100 Minuten
Opresnik Management Guides, 2022
ISBN 979-8409740559

Der Kunde ist König

Die Digitalisierung hat die Marketingwelt grundlegend verändert und eine neue Dynamik in den Beziehungen zwischen Marken und Konsumenten geschaffen.

Du hast sicher schon die Begriffe Kundenzentrierung oder Kundenorientierung in der aktuellen Marketing-Debatte gehört. Diese beschreiben den Paradigmenwechsel von einer produktorientierten zu einer kundenzentrierten Ausrichtung, der sich in modernen Geschäftsmodellen und Unternehmensstrategien widerspiegelt.

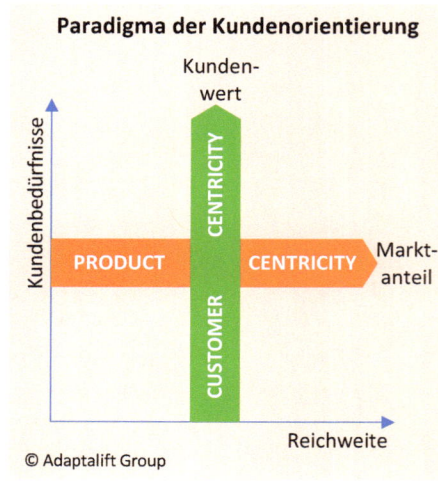

Du solltest die Auswirkungen dieses Wandels und die Notwendigkeit verstehen, deine Geschäftsstrategie entsprechend ausrichten und das Konzept der Customer Experience erfolgreich anwenden zu können.

- **Interaktivität**
  Digitale Plattformen ermöglichen einen direkten, bi-direktionalen Dialog zwischen Marken und Konsumenten. Marken sind nicht mehr nur Sender von Botschaften, sondern müssen aktiv mit ihrer Zielgruppe interagieren und auf Feedback reagieren.

- **Vom Produkt zum Kunden**
  Produkte werden austauschbar und leicht kopierbar. Deshalb stelle nicht mehr nur die Eigenschaften deines Produkts in den Mittelpunkt, sondern die Bedürfnisse, Wünsche und Probleme deiner Kunden.

Einführung

Veränderung der Beziehung zwischen Kunde und Marke

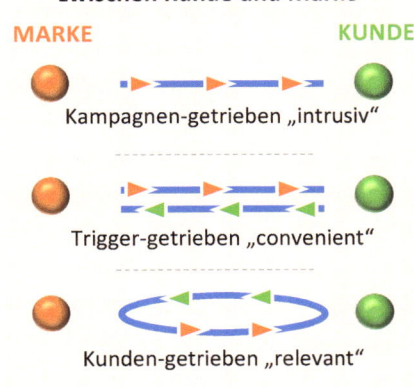

© eigene Darstellung

- **Kundenzentrierte Organisation**
  Auch deine Unternehmensstruktur sollte sich am Kunden ausrichten. Denke z.B. über abteilungsübergreifende Teams nach, die sich auf bestimmte Kundengruppen oder Kundenerlebnisse konzentrieren. Implementiere Prozesse, die eine schnelle Reaktion auf Kundenanforderungen ermöglichen.

- **Datengetriebene Entscheidungen**
  Nutze Kundendaten, um fundierte Entscheidungen zu treffen. Sammle und analysiere Informationen aus verschiedenen Quellen, um ein ganzheitliches Bild deiner Kunden zu erhalten. Nutze diese Insights, um Produkte, Services und Prozesse kontinuierlich zu verbessern.

- **Personalisierung**
  Setze auf maßgeschneiderte Erlebnisse für deine Kunden. Nutze die verfügbaren Technologien und Daten, um Angebote, Services und Kommunikation auf individuelle Kundenbedürfnisse zuzuschneiden. Beachte dabei stets die Balance zwischen Personalisierung und Datenschutz.

- **Agiles Kundenmanagement**
  Implementiere agile Methoden, um flexibel auf sich ändernde Kundenbedürfnisse reagieren zu können. Etabliere kurze Feedback-Schleifen und iterative Prozesse, die es dir ermöglichen, schnell aus Kundenfeedback zu lernen und Anpassungen vorzunehmen.

Lesetipp

Rainer Baginski: Wir trinken so viel wir können, den Rest verkaufen wir
Carl Hanser Verlag, 2000
ISBN 3-446-19829-6

Ravi Rajai: Markenwahrnehmung, Ein emotionaler Ansatz
Verlag Unser Wissen, 2023
ISBN: 978-6205754955

Wirtschaftliche Bedeutung der CX

Natürlich ist das Ziel von Customer Experience, wie jeder Marketing-Maßnahme, der wirtschaftliche Erfolg.

Deshalb schauen wir uns konkret an, wie sich eine verbesserte Customer Experience auf die Kundenbindung wirkt und damit einen positiven Impact für den wirtschaftlichen Erfolg deines Unternehmens hat.

Eine starke Marke, ein überzeugendes Produkt oder aufmerksamkeitsstarke Werbung können Verbraucher anziehen. Für die langfristige Bindung der Kunden sind es aber die Kundenerfahrungen, die letztendlich darüber entscheiden, ob diese Verbraucher zu treuen Kunden und Befürwortern deiner Marke werden.

- **Kundenloyalität zahlt sich aus**
  Loyale Kunden kaufen häufiger, geben mehr aus und sind weniger preissensibel. Und die Kosten für die Reaktivierung eines bestehenden Kunden sind deutlich geringer als die Kosten zur Akquisition eines Neukunden.

- **Erhöhung Customer Lifetime Value**
  Der Customer Lifetime Value (CLV) ist der Wert, den ein Kunde über die gesamte Geschäftsbeziehung hinweg generiert. Um diesen zu maximieren, identifiziere Möglichkeiten für Cross- und Upselling, die im Einklang mit den Bedürfnissen deiner Kunden stehen. Investiere in langfristige Kundenbeziehungen statt in kurzfristige Transaktionen.

Wachstums-Treiber Marken

© Capgemini

Wissenswert

Kunden-Loyalität zahlt sich aus:

6x	Kosten Neukunde > Bestandskd.
14x	Verkaufswahrscheinlichkeit Bestandskunde > Neukunde
95%	Gewinnsteigerung bei 5% mehr Kundenbindung
20%	Kosten Win-Back bezogen auf Vor-Umsatz
50%	Steigerung Kundenbindung in den ersten 90 Tagen

Einführung

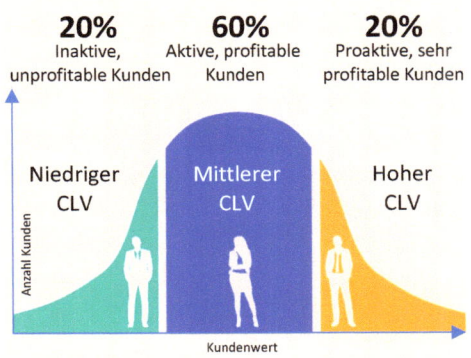

Kunden-Segmentierung nach Customer Lifetime Value

- 20% Inaktive, unprofitable Kunden
- 60% Aktive, profitable Kunden
- 20% Proaktive, sehr profitable Kunden

Niedriger CLV — Mittlerer CLV — Hoher CLV

Anzahl Kunden / Kundenwert

© eigene Darstellung

- **Mundpropaganda & Empfehlungen**
  Nutze zufriedene Kunden als Markenbotschafter. Begeisterte Kunden teilen ihre positiven Erfahrungen und empfehlen dich weiter. Fördere aktiv Empfehlungen durch Anreizsysteme oder Referenzprogramme, aber stelle sicher, dass die Qualität deiner Customer Experience die Haupttriebfeder bleibt.

- **Reduzierung Kundenverluste**
  Minimiere Kundenabwanderung durch proaktives Experience Management. Identifiziere frühzeitig Warnsignale für unzufriedene Kunden und entwickle Strategien, um sie zurückzugewinnen. Analysiere Abwanderungsgründe und nutze diese Erkenntnisse zur kontinuierlichen Verbesserung der CX.

- **Wettbewerbsvorteile durch Differenzierung**
  Hebe dich durch überlegene Customer Experience von der Konkurrenz ab. In Märkten mit austauschbaren Produkten wird das Kundenerlebnis zum entscheidenden Differenzierungsmerkmal. Entwickle eine klare Vision davon, wie dein Unternehmen einzigartige und wertvolle Erlebnisse schaffen kann.

30%	Steigerung Umsatz je Kunden durch Cross-Selling
25%	Steigerung Kunden-Lebenswert über Empfehlungs-Conversion
25%	Erfolgsquote personalisierter Win-Back-Kampagnen
4:1	Ideal-Verhältnis CLTV vs. CAC

Merke: Nutze deine Bestandskunden, um Neukunden effektiver und effizienter zu generieren und das Markenerlebnis kontinuierlich zu verbessern.

Kundenbedürfnisse verstehen

Die digitale Welt bietet dir eine Vielzahl von Möglichkeiten, deine Marke zu kommunizieren und mit deiner Zielgruppe in Verbindung zu treten. Um eine exzellente Customer Experience zu schaffen, musst du zunächst die Bedürfnisse, Wünsche und Erwartungen deiner Kunden tiefgehend verstehen.

Dieser Abschnitt zeigt dir Methoden und Instrumente, wie du systematisch Kundeneinblicke gewinnst und diese in deiner Unternehmensstrategie verankerst.

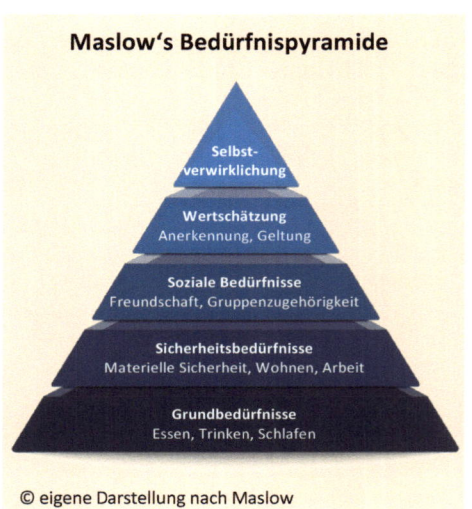

- **Kundensegmentierung**
  Deine Kunden sind nicht homogen. Teile deine Kundenbasis in sinnvolle Gruppen ein. Nutze neben demografischen auch psychografische und verhaltensbezogene Daten, um präzise Segmente zu erstellen. Analysiere für jedes Segment spezifische Bedürfnisse und Präferenzen.

- **Bedürfnishierarchie**
  Wende Maslows Bedürfnispyramide auf deine Kunden an. Beginne mit der Erfüllung grundlegender funktionaler Bedürfnisse und arbeite dich zu höheren emotionalen und selbstverwirklichenden Bedürfnissen vor. Beachte, dass sich Kundenbedürfnisse im Laufe der Zeit und je nach Kontext ändern können.

Lesetipp

Herbert Höckel: Denke Sie wie Ihre Kunden – um sie zu verstehen und zu begeistern
Independently published, 2023
ISBN 979-8867815691

Luis Daniel Maldonado Fonken: Handbook 101: Bridging the Generational Gap. Midset for purpose-driven entrepreneurs
Kindle unlimited, 2024
ASIN: B0CSKSFN5G

Grundlagen

Ebenen der Kundenerlebnisse

- BX – Brand Experience
- CX – Customer Experience
- UX – User Experience

© eigene Darstellung nach Air.inc

- **Empathie-Mapping**
  Erstelle Empathie-Maps für deine Kundensegmente. Versetze dich in die Lage deiner Kunden und dokumentiere, was sie denken, fühlen, sagen und tun. Nutze diese Erkenntnisse, um tieferes Verständnis zu entwickeln und die Segmentierung zu verfeinern oder Personas zu erstellen.

- **Voice of Customer (VoC)**
  Implementiere systematische VoC-Programme, um Kundenerwartungen kontinuierlich zu erfassen. Kombiniere verschiedene Methoden wie Umfragen, Interviews, Social Media Monitoring und Analysen von Kundendienstinteraktionen. Stelle sicher, dass die gewonnenen Erkenntnisse den Segmenten zugeordnet und in konkrete Verbesserungsmaßnahmen umgesetzt werden.

- **Bedürfnisantizipation**
  Entwickle Fähigkeiten zur Prognose zukünftiger Kundenbedürfnisse. Nutze Trendanalysen, Szenario-Planung und prädiktive Analysen, um proaktiv auf sich ändernde Kundenanforderungen reagieren zu können. Sei innovativ und denke darüber nach, wie du Bedürfnisse erfüllen kannst, die deine Kunden vielleicht noch gar nicht artikuliert haben.

Denkanstoß

Internationale Marken sind oft mit sehr unterschiedlichen kulturellen und gesellschaftlichen Standards konfrontiert. Berücksichtige deshalb kulturelle Unterschiede in den Bedürfnissen und Erwartungen deiner Kunden. Entwickle ein Verständnis für kulturspezifische Präferenzen und Tabus. Passe deine Produkte, Dienstleistungen und Kommunikation entsprechend an, um global relevante, aber lokal resonante Erlebnisse zu schaffen.

Touchpoints & Customer Journey

Die Customer Journey ist der Weg, den deine Kunden von der ersten Wahrnehmung bis zum Kauf und der hoffentlich langfristigen Bindung durchlaufen. Auf dieser Reise haben sie unterschiedliche physische und digitale Berührungspunkte mit deiner Marke.

Alle diese Berührungspunkte oder Touchpoints sind Gelegenheiten entlang der Customer Journey prägen maßgeblich die Customer Experience und damit das Kundenverhalten.

In diesem Abschnitt lernst du, wie du diese Reise kartierst, kritische Touchpoints identifizierst und das Gesamterlebnis optimierst.

© eigene Darstellung

- **Identifikation von Touchpoints**
  Erfasse systematisch alle Berührungspunkte zwischen deiner Marke und den Kunden. Denke dabei an direkte (z.B. Website, Verkaufsgespräch) und indirekte Touchpoints (z.B. Produktrezensionen, Mundpropaganda). Bewerte die Relevanz und den Einfluss jedes Touchpoints auf die Gesamterfahrung.

- **Customer Journey Mapping**
  Visualisiere die Reise deiner Kunden von der ersten Wahrnehmung bis zur langfristigen Bindung. Erstelle detaillierte Maps für verschiedene Kundensegmente und Szenarien. Identifiziere dabei Schlüsselmomente, Pain Points und Chancen für positive Überraschungen.

Wissenswert

Die „**Rule of 7**" im Marketing besagt, dass ein potenzieller Kunde mindestens sieben Mal mit der Botschaft einer Marke in Berührung kommen muss, bevor er/sie eine Kaufentscheidung trifft.
Im Zusammenhang mit der Customer Experience unterstreicht die Rule of 7 die Notwendigkeit, an jedem Touchpoint einprägsame, positive Interaktionen zu schaffen und konsistente Markenbotschaften zu vermitteln.

Grundlagen

Online- und Offline Touchpoints entlang der Customer Journey

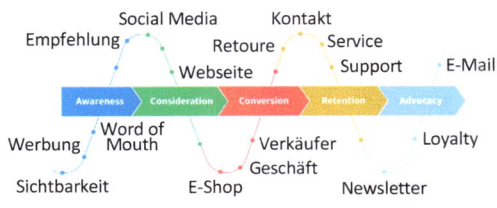

© pipedrive.com

Praxis-Tipp

Erstelle deine **Customer Journey Map** in 5 Schritten:
1. Definiere deine Buyer-Personas
2. Identifiziere Touchpoints
3. Visualisiere den Kundenpfad
4. Analysiere Kundenerlebnisse
5. Optimiere den Prozess

Wiederhole diesen Prozess regelmäßig, um dein Kundenverständnis zu vertiefen und das K.erlebnis zu verbessern.

- **Messung der Touchpoint-Effektivität**
  Verstehe die Relevanz jedes Touchpoints und entwickle KPIs für jeden wichtigen Touchpoint (vgl. Kapitel 6). Implementiere Tools und Prozesse zur kontinuierlichen Messung der Leistung jedes Berührungspunkts. Nutze diese Daten, um die Effektivität deiner Touchpoints zu bewerten und datenbasierte Verbesserungsentscheidungen zu treffen.

- **Kanalübergreifende Konsistenz**
  Stelle sicher, dass deine Kunden über alle Kanäle und Touchpoints hinweg ein konsistentes Erlebnis haben. Entwickle eine einheitliche Markensprache und -ästhetik für alle Touchpoints. Implementiere Systeme, die einen nahtlosen Übergang zwischen verschiedenen Kanälen und Touchpoints entlang der Customer Journey ermöglichen.

- **Priorisierung von Verbesserungen**
  Nutze die Erkenntnisse aus dem Journey Mapping, um Pain Points und Verbesserungspotenziale zu identifizieren. Priorisiere Maßnahmen basierend auf ihrer Auswirkung auf die Kundenzufriedenheit und der Umsetzbarkeit. Entwickle einen klaren Aktionsplan mit messbaren Zielen.

- **Test & Learn**
  Nutze digitale Technologien und Auswertungsmethoden, um über gezielte Experimente Verbesserungspotentiale zu identifizieren.

Touchpoints & Customer Journey

Wie schon angesprochen liegen viele Produkt- und Markenerfahrungen von Kunden und Konsumenten außerhalb deiner direkten Kontrolle und deines Einflusses. Eine effektive Customer Experience-Strategie berücksichtigt deshalb nicht nur die aktiv initiierten Touchpoints, sondern versucht, auch auf nicht unkontrollierbare Erlebnisse indirekt Einfluss zu nehmen.

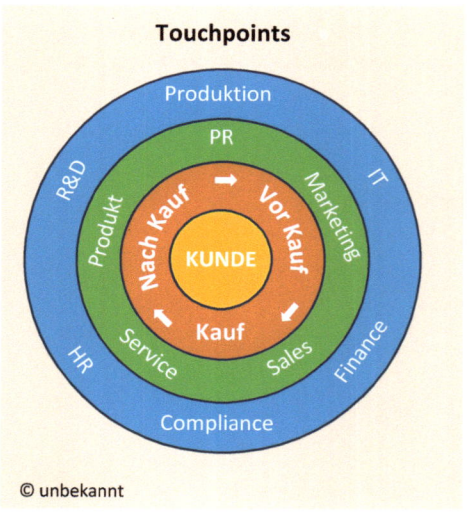
© unbekannt

- **Digitale Touchpoints**
  Dazu gehören alle Interaktionen, die online stattfinden, wie Web-sites, Apps, soziale Medien, E-Mail und Online-Werbung. Digitale Touchpoints sind meist kontrollierbar und entscheidend für den Aufbau der Markenbekanntheit, die Förderung von Engagement und die Erleichterung von Transaktionen.

  Stell sicher, dass diese Touchpoints ein einheitliches, wiedererkennbares Markenbild vermitteln.

- **Physische Touchpoints**
  Dazu gehören persönliche Interaktionen in stationären Geschäften, Pop-Up-Stores, Events oder Messen. Diese bieten Marken eine besondere Möglichkeit, eindrucksvolle und einprägsame Erlebnisse zu schaffen, die die Kundenbindung und – loyalität vertiefen.

  Stell dafür sicher, dass alle Mitarbeiter und Partner sich über ihre Wirkung bewusst sind um das angestrebte Markenerlebnis zu vermitteln.

Denkanstoß

Entwickle ein CX Zielbild, in dem du konkrete Markenerlebnisse definierst und beschreibst. Wende diese auf relevante Touchpoints an.

Stell sicher, dass die CX konsistent und wiedererkennbar ist, um dich gezielt vom Wettbewerb abzuheben.

Alle Mitarbeiter und Partner sollen dieses Ziel kennen und respektieren. Überprüfe regelmäßig anonym die tatsächliche CX Performance.

Grundlagen

Unboxing Experience

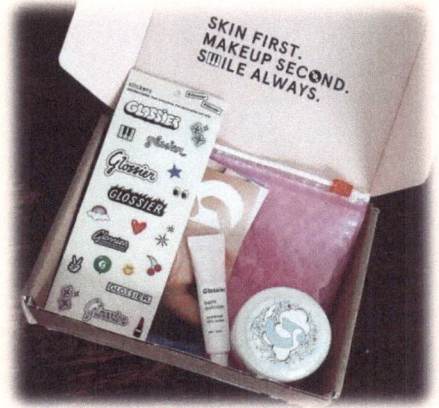

© Ryder

- **Commerce-Touchpoints**
  Der Kauf des Produkts ist natürlich aus deiner Sicht die wichtigste Kundeninteraktion. Stelle daher sicher, dass dieser Prozess so einfach und störungsfrei wie möglich verläuft.

  Kontrolliere als KPI die sog. CheckOut Completion Rate (CCR) im e-Commerce ebenso wie in physischen Geschäften.

- **Service-Touchpoints**
  Dazu gehören Interaktionen mit dem Kundenservice per Telefon, E-Mail, Chat-Bot oder über soziale Medien ebenso wie die Lieferung und Rücksendung von Käufen, die Verständlichkeit von Bedienungsanleitungen oder Empfehlungen für Ergänzungsprodukte oder Ersatzteile.

  Achte ganz besonders darauf, auch hier positive, besondere Erlebnisse zu gestalten und teste regelmäßig selbst anonym, ob dies gelingt.

- **Produkt-Touchpoints**
  Natürlich prägt sich eine Marke vorrangig durch die Nutzererfahrung im funktionalen Umgang mit dem Produkt oder Service, inkl. der Bedienbarkeit, der Verpackung und dem Produktdesign.

  Stell deshalb hier höchste Ansprüche an Qualität, Nachhaltigkeit und Usability. Denk daran: „Unbox"-Events können großartige Emotionen schaffen.

Fallbeispiel

Apple hat die Produktverpackung und das Unboxing-Erlebnis im PC-Segment revolutioniert und zu einem charakteristischen Bestandteil der Markenidentität entwickelt. Die elegante, minimalistische Verpackung und die präzise Anordnung der Komponenten bis hin zur durchdachten Reihenfolge, in der die Produkte präsentiert werden, spiegelt den Markenfocus auf hochwertige Haptik, Design und Nutzerfreundlichkeit wider.

Emotionale Verbindungen

Das Wesen der Customer Experience ist der emotionale Mehrwert, der über die funktionalen Aspekte hinausgeht und eine tiefe, bedeutungsvolle Verbindung zu deinen Kunden aufbaut. Emotionale Bindungen sind der Schlüssel zu langfristiger Kundenloyalität.

- **Emotionale Trigger identifizieren**
  Erkenne die emotionalen Auslöser, die deine Kunden bewegen. Führe qualitative Forschung durch, um zu verstehen, welche Emotionen deine Marke und Produkte hervorrufen. Entwickle Strategien, um positive emotionale Assoziationen zu verstärken und negative zu minimieren.

- **Storytelling in der Markenführung**
  Nutze die Kraft des Storytellings, um emotionale Verbindungen zu schaffen. Entwickle eine überzeugende Markengeschichte, die deine Werte und Mission authentisch vermittelt. Integriere diese Geschichte konsistent in alle Kundeninteraktionen, von der Werbung bis zum Kundenservice.

- **Emotionale Individualisierung**
  Gehe über oberflächliche Personalisierungsansätze hinaus. Nutze Daten und Erkenntnisse, um individuelle Interaktionen zu schaffen, die die emotionalen Bedürfnisse deiner Kunden ansprechen. Schule deine Mitarbeiter in emotionaler Intelligenz, um authentische Verbindungen aufzubauen.

Einflussfaktoren auf Kaufentscheidungen

RATIONAL	EMOTIONAL
Preis	Hoffungen & Ängste
Nutzen	Ego & Selbstbild
Risiko	Gewohnheiten
Service	Kultur, Stil
Verfügbarkeit	Ansichten, Werte
Nachhaltigkeit	Erwartungen, Erfahrungen

© eigene Darstellung

Wissenswert

- **20%** schnellere Informationsverarbeitung im emotionalen ggü dem kognitiven Bereich des Gehirns
- **100%** mehr Zahlungsbereitschaft durch emotional gebundene Kunden
- **52%** Mehrwert eines emotional gebundenen ggü. einem hochzufriedenen Kunden
- **81%** emotional verbundener Verbraucher empfehlen Marken im engsten Umfeld
- **23%** Umsatzsteigerung durch Anzeigen mit überdurchschnittlichen emotionalen Reaktionen

Quellen: Joeri Van den Bergh / Mattias Behrer, Motista, HBR, NetImperative, Nielsen

Grundlagen

Wahrnehmungsebenen der Customer Experience

© nach TEMKIN Group

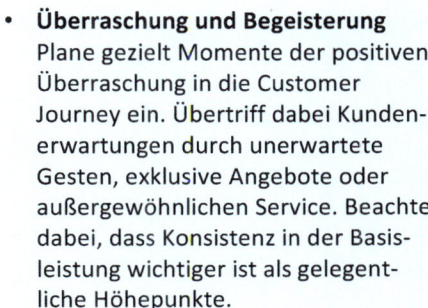

- **Überraschung und Begeisterung**
  Plane gezielt Momente der positiven Überraschung in die Customer Journey ein. Übertriff dabei Kundenerwartungen durch unerwartete Gesten, exklusive Angebote oder außergewöhnlichen Service. Beachte dabei, dass Konsistenz in der Basisleistung wichtiger ist als gelegentliche Höhepunkte.

- **Community-Building**
  Fördere emotionale Bindungen durch den Aufbau einer Marken-Community. Schaffe Plattformen für den Austausch zwischen Kunden und mit deinem Unternehmen. Organisiere z.B. Events, die deine Markenwerte zum Leben erwecken und gleichgesinnte Kunden zusammenbringen.

- **Feedback-Kultur etablieren**
  Zeige deinen Kunden, dass ihre Meinungen und Gefühle wichtig sind. Implementiere Systeme, die es Kunden leicht machen, Feedback zu geben. Reagiere prompt und empathisch auf Rückmeldungen, besonders auf negative, und demonstriere, wie du Kundenfeedback zur Verbesserung deiner Produkte und Services nutzt.

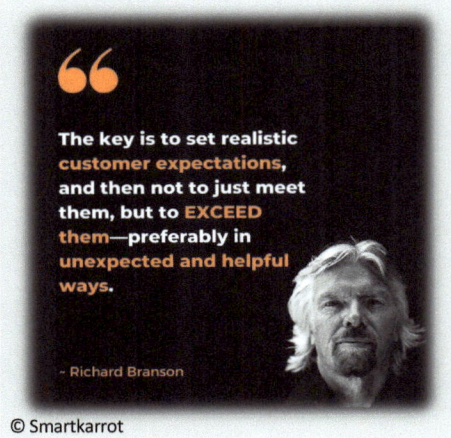

© Smartkarrot

Produkte mit Mehrwert

In einer Welt, in der Produkte zunehmend austauschbar werden, ist es entscheidend, deinen Kunden mehr als nur die Grundfunktionalität zu bieten. Dieses Kapitel zeigt dir, wie du deine Produkte mit zusätzlichem Wert anreicherst, um ein einzigartiges und unvergessliches Kundenerlebnis zu schaffen.

- **Funktionale Erweiterungen**
  Analysiere die Nutzungsszenarien deiner Produkte und identifiziere Möglichkeiten für sinnvolle Zusatzfunktionen. Implementiere Features, die den Alltag deiner Kunden spürbar erleichtern oder neue Anwendungsmöglichkeiten eröffnen. Nutze z.B. Technologien wie IoT oder KI, um smarte Funktionen zu integrieren, die sich adaptiv an Nutzerbedürfnisse anpassen.

- **Design und Ästhetik**
  Investiere in hochwertiges Produktdesign, das nicht nur ästhetisch ansprechend ist, sondern auch die Markenidentität widerspiegelt. Arbeite mit professionellen Designern zusammen, um ein kohärentes visuelles und haptisches Erlebnis zu schaffen. Berücksichtige dabei Prinzipien des Emotional Design, um positive Gefühle bei der Produktnutzung anzusprechen.

Praxis-Tipp

7 Ansätze für Produkte mit Mehrwert:

1. Physiologische Bedürfnisse
2. Entlastung & Sicherheit
3. Gruppenzugehörigkeit
4. Selbstbestätigung
5. Fakten und Hintergründe
6. Ästhetik & Design
7. Selbstverwirklichung

CX-Strategien

Gutschein-Gamification in Temu App

© Temu

- **Nachhaltigkeit als Mehrwert**
  Integriere Nachhaltigkeitsaspekte in dein Produktdesign und deine Produktionsprozesse. Verwende umweltfreundliche Materialien, optimiere die Energieeffizienz und entwickle Konzepte für die Kreislaufwirtschaft. Kommuniziere deine Nachhaltigkeitsbemühungen transparent und mache sie zu einem integralen Bestandteil deines Wertversprechens.

- **Gamification**
  Implementiere spielerische Aspekte in die Produktnutzung oder den Kaufprozess. Entwickle Belohnungssysteme, Fortschrittsanzeigen oder Herausforderungen, die die Interaktion mit deinem Produkt bereichern. Nutze dabei psychologische Prinzipien wie Feedback-Loops und Erfolgserlebnisse, um die Nutzermotivation und -bindung zu steigern.

- **Exklusive Produktvarianten**
  Kreiere limitierte Editionen oder Sonderausführungen deines Produkts. Kooperiere mit Künstlern, Designern oder anderen Marken, um einzigartige Varianten zu entwickeln. Nutze dabei das Prinzip der Knappheit, um die Attraktivität und den wahrgenommenen Wert zu erhöhen. Biete deinen treuesten Kunden exklusiven Zugang zu diesen Sondermodellen.

Definition

Gamification ist die Anwendung von spielerischen Elementen wie Punkten, Abzeichen, Ranglisten oder Challenges, um Engagement und Motivation von Kunden zu steigern. Die Wirkung basiert auf psychologischen Prinzipien wie dem Bedürfnis nach Anerkennung, Wettbewerb und Belohnung. Vor allem die Chance auf Gewinne oder Rabatte aktiviert das Belohnungszentrum im Gehirn, wenn Kunden glauben, ein besonders gutes Geschäft gemacht zu haben

Serviceleistungen integrieren

Mit einer Integration von digitalen oder physischen Serviceleistungen in dein Produktangebot kannst du den Kundennutzen erheblich steigern und dir gleichzeitig neue Umsatzquellen erschließen.

- **Beratungs- und Schulungsangebote**
  Konzipiere Videos oder Ratgeber, die deinen Kunden helfen, das volle Potenzial deiner Produkte auszuschöpfen. Dies können Anwendungstipps, Pflegehinweise, FAQ's oder auch nutzergenerierte Inhalte sein. Nutze diese Angebote gleichzeitig als Quelle für wertvolles Feedback zur Produktoptimierung.

- **Wartung und Reparatur**
  Etabliere kundenfreundliche, vorausschauende Lösungen für Wartung oder Reparatur, um den Produktlebenszyklus verlängern und die Kundenzufriedenheit zu steigern. Dies können proaktive Terminvorschläge, großzügige Kulanzregelungen oder Abholservices sein.

- **Digitale Begleitangebote**
  Entwickle Online-Plattformen oder Apps, die dein physisches Produkt um digitale Funktionen erweitern. Integriere z.B. Features wie Nutzungstracking, Leistungsoptimierung oder Community-Austausch. Stelle sicher, dass diese digitalen Angebote einen echten Mehrwert bieten und nahtlos mit deinem Kernprodukt interagieren.

© eigene Darstellung

Definition

Das „**Razor-and-Blade**"-Geschäftsmodell ist eine Preisstrategie, bei der das Basisprodukt günstig oder sogar mit Verlust verkauft wird, um dann mit dem Verkauf von Zubehör, Verbrauchsmaterial oder Service hohe, wiederkehrende Gewinne zu erzielen und Kunden langfristig zu binden.
Bekannte Beispiele dieses Modells sind:
- Nespresso Kaffeemaschinen / Kapseln
- Amazon Kindle eReader / eBooks
- HP Drucker / Tintenpatronen

CX-Strategien

Erfolgsfaktoren im Customer Service

© nach REVEchat.com

- **Kundenspezifische Anpassungen**
  Richte flexible Produktionsverfahren ein, die individuelle Produktanpassungen (Customizing) erlauben. Biete einen Service an, der Kunden bei der Konfiguration und Personalisierung ihrer Produkte unterstützt. Nutze deine Kunden als stolze Co-Creator und profitiere von Ideen zur Produktentwicklung oder Promotion.

- **Abo-basierte Zusatzleistungen**
  Entwickle langfristige Liefer- oder Service-Abonnements, die deinen Kunden kontinuierliche Mehrwert bieten, wie regelmäßige Produktaktualisierungen, Nachlieferungen von Verbrauchsmaterial oder exklusive Inhalte. Profitiere von regelmäßigen Umsätzen und einer Kundenbindung, aber gestalte diese Abonnements flexibel und transparent, sodass Kunden den Wert klar erkennen und die Kontrolle über ihre Ausgaben behalten.

- **Community-Building & Networking**
  Schaffe Plattformen oder Events, die den Austausch zwischen deinen Kunden fördern und die Customer Experience erlebbar machen. User Groups, Konferenzen oder Online-Foren sind gute Gelegenheiten, auf denen sich Nutzer deiner Produkte vernetzen und positive Erfahrungen austauschen können. Nutze diese Communities auch als Quelle für Innovationsideen und als Frühwarnsystem für potenzielle Probleme.

Denkanstoß

Führe einen Premium-Support-Service ein, der deinen Kunden eine persönliche Anlaufstelle für alle Belange rund um dein Produkt bietet. Stelle hochqualifizierte Mitarbeiter, die als persönliche Produktberater (**Marken-Concierge**) fungieren und proaktiv Lösungen für Kundenprobleme finden. Entwickle diesen Service zu einem Alleinstellungsmerkmal, das dich von der Konkurrenz abhebt.

Personalisierung / Individualisierung

Personalisierung und Individualisierung sind Schlüsselelemente einer herausragenden Customer Experience. In diesem Abschnitt erfährst du, wie du deine Produkte und Services auf die individuellen Bedürfnisse und Präferenzen deiner Kunden zuschneidest und so einzigartige, maßgeschneiderte Erlebnisse schaffst.

- **Datengetriebene Personalisierung**
  Implementiere ein robustes Datenerfassungs- und -analysesystem. Nutze Kundenprofile, Verhaltensanalysen und prädiktive Modelle, um individuelle Präferenzen zu identifizieren. Setze diese Erkenntnisse ein, um Produktempfehlungen, Content und Interaktionen in Echtzeit zu personalisieren. Beachte dabei stets die Datenschutzbestimmungen und kommuniziere transparent, wie du Kundendaten verwendest.

- **Mass Customization**
  Entwickle flexible Produktionsverfahren, die eine kosteneffiziente Individualisierung ermöglichen. Implementiere modulare Produktarchitekturen und agile Fertigungsprozesse. Biete deinen Kunden intuitive Konfiguratoren, mit denen sie Produkte nach ihren Wünschen gestalten können. Stelle sicher, dass der Customization-Prozess selbst zu einem positiven Erlebnis für den Kunden wird.

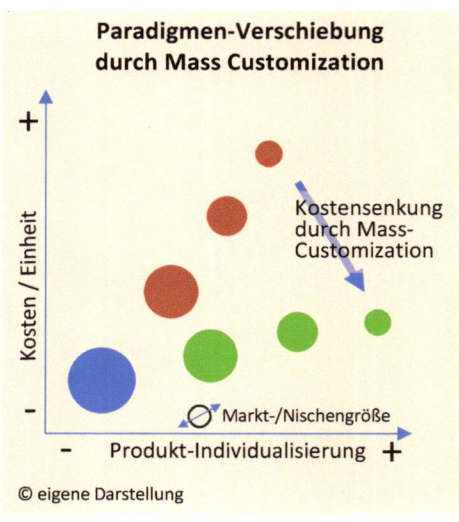

Paradigmen-Verschiebung durch Mass Customization
© eigene Darstellung

Definition

Mass Customization beschreibt einen Markenansatz, der individualisierte Produkte mit der Effizienz der Massenproduktion kombiniert.

Bekannte Beispiele dafür sind:
- NikeID: 60% Kunden nutzen Option
- MyMuesli: > 566 Bill. Kombinationen
- Coke Freestyle: 32% Umsatz-Uplift
- BMW: 100 Mio. Modellvarianten
- Levi's "Lot No.1": €950 für maßgeschneiderte Jeans

CX-Strategien

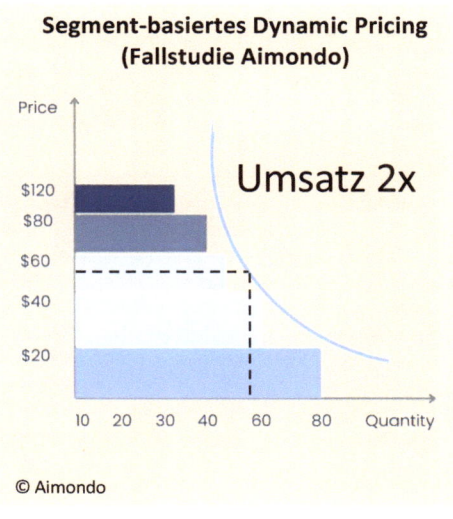

- **Dynamische Preisgestaltung**
  Führe ein System zur dynamischen Preisgestaltung ein, das individuelle Faktoren wie Kaufhistorie, Kundenwert oder aktuelle Nachfrage berücksichtigt. Kommuniziere die Regeln dieser personalisierten Preisgestaltung klar und belohne Treue und gewünschtes Verhalten mit Preisabschlägen oder Naturalrabatten. Stelle unbedingt sicher, dass wertvolle Kunden sich nicht benachteiligt fühlen.

- **Individualisierte Kommunikation**
  Entwickle eine Strategie für personalisierte Kommunikation über alle Kanäle hinweg, so dass sich Tonalität, Inhalt und Timing deiner Nachrichten sich an individuelle Kundenpräferenzen anpassen. Nutze Trigger-basierte Kommunikation, um relevante Botschaften zum richtigen Zeitpunkt zu senden. Achte darauf, die richtige Balance zwischen Personalisierung und Privatsphäre zu finden.

- **Persönliche Empfehlungen**
  Biete deinen Kunden personalisierte Produkt-Empfehlungen, basierend auf Vorlieben und Verhalten vergleichbarer Kundenprofile. Denke dabei an Produktergänzungen, Updates oder Neuauflagen, oder Produkte aus anderen Kategorien. Nutze die Möglichkeit von Bundle-Preisen oder Abo-Modellen, um attraktive cross- oder upsell-Angebote zu kreieren.

Lesetipp

S.G. Ponnambalam: Industry 4.0 and Hyper-Customized Smart Manufacturing Supply Chains
Business Science Reference, 2019
ISBN 978-1522590781

M. Abraham, D. Edelman: Personalized: Customer Strategy in the Age of AI
Harvard Business Press Review, 2024
ISBN 978-1647826277

Customer Lifecycle Management

Kundenorientierung und Customer Lifecycle Management sind zentrale Elemente der Customer Experience, die darauf abzielen, aktive Kundenbeziehungen über den gesamten Lebenszyklus hinweg zu gestalten und so den langfristigen Wert jedes Kunden zu maximieren.

Analysiere dazu in jeder Phase des Lebenszyklus relevante Bedürfnisse deiner Kunden und kreiere Interaktionsanlässe, die gezielt die jeweils spezifischen Ansprüche adressieren und mit außergewöhnlicher Customer Experience (über)-erfüllen.

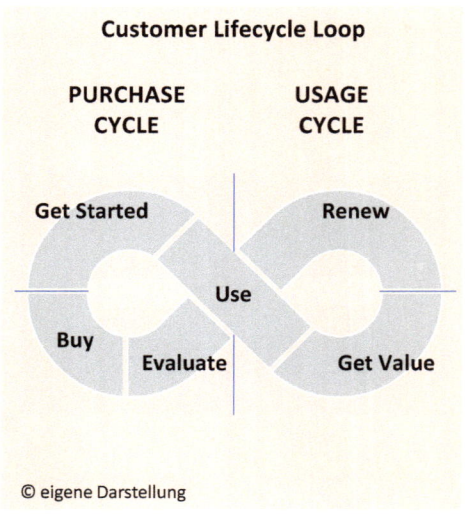
© eigene Darstellung

- **Awareness-Phase**
  Gestalte den ersten Kontakt mit der Marke beeindruckend. Nutze datengetriebenes Marketing und die Insights bestehender Kunden, um Neukunden mit relevanten Inhalten anzusprechen.

- **Akquisitions-Phase**
  Optimiere den Kauf- oder Conversion-Prozess für ein reibungsloses, personalisiertes Erlebnis. Nutze auch hier die Erfahrungen bisheriger Kunden, um Friction Points zu reduzieren.

- **Onboarding-Phase**
  Entwickle ein strukturiertes oder automatisiertes Vorgehen, um Neukunden schnell und effektiv mit deinem Produkt oder Service vertraut zu machen und erste Erkenntnisse über Segmentierung und Insights zu gewinnen.

Lesetipp

Gerardus Blokdyk: The Operational Excellence Library; Mastering Customer Lifecycle Management
5StarCooks, 2024
ISBN 978-1038843999

Chauncy Crail: Customer Lifecycle Management (CLM): The Ultimate Guide
Forbes Advisor, 2024
https://bit.ly/474Vwzp

CX-Strategien

Customer Lifecycle Interaktionen

© convergehub.com/customer-lifecycle-management

- **Wachstums-Phase**
  Identifiziere Cross- oder Upselling-Möglichkeiten basierend auf Kundenverhalten und –präferenzen. Biete personalisierte Empfehlungen und maßgeschneiderte Angebote.

- **Produkt-Nutzungs-Phase**
  Nutze die positiven Emotionen nach Produktkauf und gestalte die Lieferphase, das Auspacken, Montieren und die erste Inbetriebnahme als besonderes Marken-Erlebnis.

- **Advocacy-Phase**
  Wandle zufriedene Kunden in aktive Markenbotschafter. Schaffe Plattformen für User Generated Content und Empfehlungsprogramme. Motiviere aktiv zu Bewertungen bei Dritthändlern.

- **Retention-Phase**
  Implementiere proaktive Kundenbindungsstrategien. Nutze prädiktive Analysen, um das Risiko einer Abwanderung frühzeitig zu erkennen und gegenzusteuern. Entwickle Loyalitätsprogramme, die echten Mehrwert bieten.

- **Win-Back-Phase**
  Entwickle personalisierte Strategien zur Reaktivierung von ehemaligen Kunden, um frühzeitig Bedarf zu erkennen und Interesse zu wecken.

Praxis-Tipp

7 Schritte zum Aufbau einer Lifecycle-Marketing-Strategie (bit.ly/3Xm1kkK)

Schritt 1	Lernen Sie Ihre Kunden kennen und erstellen Sie Personas
Schritt 2	Abbildung des Kundenerlebnisses anhand vorhandener Daten
Schritt 3	Bewertung der verfügbaren Kanäle
Schritt 4	Entwerfen Sie Erlebnisse für jede Phase des Lebenszyklus
Schritt 5	Erstellen Sie die Kampagnen
Schritt 6	Verfolgen der Ergebnisse mit KPIs auf Lebenszyklusebene
Schritt 7	Iteration auf Basis der gewonnenen Erkenntnisse

Datenanalyse und KI

In diesem Abschnitt erfährst du, wie du Datenanalyse und künstliche Intelligenz nutzen kannst, um tiefere Einblicke in deine Kunden zu gewinnen und die Customer Experience zu optimieren.

Diese Technologien ermöglichen es dir, präzise Vorhersagen zu treffen, personalisiert zu agieren und die CX kontinuierlich zu verbessern.

- **Big Data Architektur**
  Implementiere eine skalierbare Infrastruktur, die Daten aus verschiedenen Quellen integriert. Lege Wert auf Echtzeit-Datenverarbeitung, Flexibilität und höchste Sicherheitsstandards. Eine klare Data Governance gewährleistet Qualität und Integrität.

- **360-Grad Kunden-Profile**
  Entwickle ganzheitliche Kundenprofile, in denen Daten aus allen Touchpoints einfließen (Customer Data Record). Nutze KI-Algorithmen, um diese Daten zu analysieren und aussagekräftige Insights zu generieren. Teile Profile und Insights mit allen kundenorientierten Abteilungen, um konsistente und personalisierte Erlebnisse über alle Kanäle hinweg zu ermöglichen.

- **Prädiktive Analysen**
  Entwickle prädiktive Modelle, die Kundenverhalten, Trends und potenzielle Probleme frühzeitig erkennen. Nutze Machine Learning Algorithmen, um Muster in historischen Daten zu identifizieren

KI-Unterstützung im Marketing

© unbekannt

Lesetipp

Wie die KI bei der Umsetzung der zehn Strategietypen zum Erlangen der Wettbewerbsfähigkeit hilft, vermittelt der Ratgeber „Strategie mit KI – Künstliche Intelligenz als strategischer Hebel".

Technologie

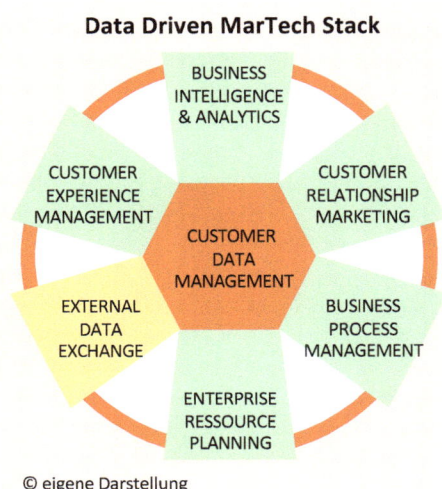

Data Driven MarTech Stack

© eigene Darstellung

und zukünftige Entwicklungen vorherzusagen. Setze diese Erkenntnisse ein, um proaktiv zu handeln – sei es bei der Produktentwicklung, im Marketing oder im Kundenservice.

- **Sentiment Analyse**
  Führe KI-gestützte Analysen für Kundenfeedback, Social Media Beiträge und Kundeninteraktionen ein. Erfasse und analysiere systematisch die Stimmung und Emotionen deiner Kunden. Nutze diese Erkenntnisse, um schnell auf negative Trends zu reagieren und positive Erfahrungen zu verstärken.

- **Chatbots und virtuelle Assistenten**
  Implementiere KI-gestützte Chatbots und virtuelle Assistenten, die natürliche Sprachverarbeitung nutzen. Trainiere diese Systeme kontinuierlich mit realen Kundeninteraktionen, um ihre Effektivität zu steigern. Setze sie für First-Level-Support, Produktempfehlungen und personalisierte Beratung ein.

- **Anomalie-Erkennung**
  Nutze in der Qualitätssicherung KI-basierte Systeme zur Erkennung von Anomalien in Kundendaten und -interaktionen, um frühzeitig potenzielle Probleme oder ungewöhnliche Muster zu identifizieren. Setze die Erkenntnisse ein, um proaktiv Qualitätsprobleme zu beheben, Betrug zu verhindern und außergewöhnliche Kundenbedürfnisse zu erkennen.

Denkanstoß

Entwickle klare Richtlinien für den **ethischen Einsatz von KI** in der Customer Experience. Implementiere Prozesse zur Überprüfung von KI-Entscheidungen auf Fairness und Bias. Stelle Transparenz her, indem du Kunden erklärst, wie und wofür KI eingesetzt wird. Bilde ein interdisziplinäres Team, das kontinuierlich die ethischen Implikationen deiner KI-Anwendungen überprüft und Anpassungen vornimmt.

Omnichannel-Strategien

Die Customer Experience ist um so erkennbarer, glaubwürdiger und wirksamer, wenn sie nahtlos und konsistent über alle Kanäle und Touchpoints umgesetzt ist. Omnichannel-Strategien ermöglichen es dir, deinen Kunden ein kohärentes Erlebnis zu bieten, unabhängig davon, wie und wo sie mit deiner Marke interagieren.

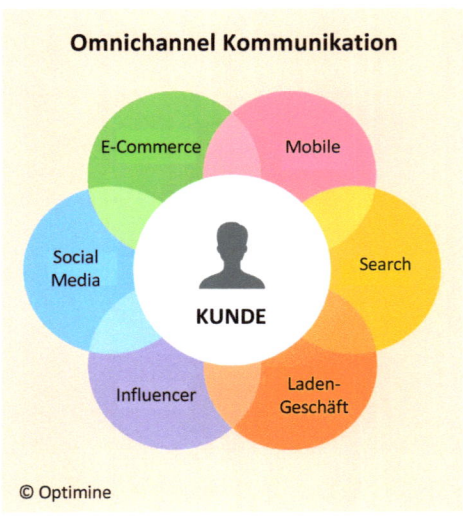

- **Zentrale Datensynchronisation**
  Synchronisiere Kundeninformationen aus allen Kanälen in Echtzeit auf einer zentralen Datenplattform, die über robuste APIs und Middleware-Lösungen eine reibungslose Datenintegration gewährleistet. Stelle sicher, dass jeder Touchpoint Zugriff auf aktuelle und relevante Kundeninformationen hat, um kontextbezogene, personalisierte Interaktionen zu ermöglichen.

- **Customer Identity Management**
  Führe ein zentrales System zur einheitlichen, übergreifenden Kundenauthentifizierung und -identifikation ein. Entwickle eine Single Sign-On-Lösung, die es Kunden ermöglicht, nahtlos zwischen verschiedenen Kanälen zu wechseln.

- **Cross-Channel-Journey-Mapping**
  Identifiziere kritische Übergangspunkte zwischen Touchpoints und optimiere diese für eine reibungslose Customer Experience. Entwickle Maßnahmen, um Kunden gezielt und kontextbezogen durch verschiedene Kanäle zu leiten (NBA/NBO).

Definition

NBA (**Next Best Action**) und NBO (**Next Best Offer**) sind Konzepte, die auf Datenanalyse und maschinellem Lernen basieren. Das Ziel besteht darin, für jeden einzelnen Kunden die optimale nächste Interaktion oder das beste Angebot in Echtzeit zu bestimmen und auszuspielen. NBA fokussiert auf den nächsten Schritt (Klick) in der Customer Journey, NBO auf ein relevantes Produkt-, Preis- oder Serviceangebot mit dem Ziel der Kauf-Conversion.

Technologie

Omnichannel Fulfillment

© Pivotree

- **Konsistente Markenidentität**
  Entwickle klare Richtlinien für eine einheitliche Markensprache, visuelle Identität und Tonalität über alle Kanäle hinweg. Implementiere Content-Management-Systeme, die eine zentrale Verwaltung und Verteilung von Markenmaterialien ermöglichen, um Kohärenz in allen Kundeninteraktionen zu gewährleisten.

- **Kanalübergreifendes Fulfillment**
  Implementiere flexible Fulfillment-Optionen wie Click & Collect, Ship-from-Store oder In-Store-Return für Online-Käufe. Entwickle ein integriertes Inventory-Management-System, das Echtzeit-Bestandsinformationen über alle Kanäle hinweg bereitstellt. Stelle sicher, dass Kunden nahtlos zwischen Online- und Offline-Kanälen wechseln können, ohne Brüche in ihrer Einkaufserfahrung zu erleben.

- **Omnichannel-Performance-Messung**
  Entwickle ein ganzheitliches Kennzahlensystem, das die Performance über alle Kanäle hinweg misst. Implementiere Attribution-Modelle, die den Beitrag jedes Kanals zum Gesamterfolg einer Kundeninteraktion bewerten. Nutze diese Erkenntnisse, um deine Ressourcenallokation und Kanalstrategien kontinuierlich zu optimieren.

Fallbeispiel

Der Sportartikelhersteller und –händler **Decathlon** ist bekannt für seine innovative Herangehensweise an Retail und Logistik. Sein stationäres und digitales Einkaufserlebnis ist durch Omnichannel-Services wie Ship-from-Store oder Click&Collect eng vernetzt. So werden 1.600 Filialen als Verteilzentrum genutzt und 95% der Online-Bestellungen lokal abgeholt oder versendet. Dadurch hat sich die Lieferzeit im Schnitt um 1,7 Tage reduziert.

Augmented & Virtual Reality

Du hast bereits einige aktuelle Technologien wie Künstliche Intelligenz, Machine Learning oder Natural Language Processing kennengelernt, um deine Customer Experience zu verbessern. In diesem Abschnitt erfährst du, wie du Augmented Reality (AR) und Virtual Reality (VR) nutzen kannst, um immersive und interaktive Kundenerlebnisse zu schaffen.

- **Produktvisualisierung mit AR**
  Entwickle AR-Anwendungen, die es Kunden ermöglichen, Produkte in ihrer realen Umgebung zu visualisieren. Implementiere hochwertige 3D-Modelle und realistische Renderingtechniken, um eine authentische Darstellung zu gewährleisten.

- **VR-basierte Produktvorführungen**
  Kreiere virtuelle Showrooms oder Produktdemonstrationen, die Kunden ein immersives Erlebnis bieten. Entwickle interaktive VR-Szenarien, in denen Nutzer Produkte testen, erkunden oder konfigurieren können. Nutze diese Technologie besonders für komplexe oder hochpreisige Produkte, um den Verkaufsprozess zu unterstützen und Kosten zu sparen.

- **Verbesserung Kundenservice**
  AR-gestützte Remote-Support-Lösungen ermöglichen es Servicemitarbeitern, Kunden durch AR-Overlays bei der Problemlösung oder Produktnutzung zu unterstützen.

Augmented Reality Car Konfigurator

© Porsche

Lesetipp

Es gibt viele spannende digitale Technologien, die der Customer Experience dienen können. Im Ratgeber "Sei digital – Mehr Digitalisierung bitte" gibt es eine gute Übersicht über all diese Technologien.

Technologie

Retail Stores im Metaverse

© H&M / RetailMe.com

- **VR für Mitarbeiterschulungen**
  VR-basierte Schulungsprogramme für deine Mitarbeiter simulieren realistische Kundeninteraktionen und komplexe Verkaufsszenarien in einer sicheren, virtuellen Umgebung. Entwickle adaptive Lernpfade, die sich an die individuellen Fortschritte und Bedürfnisse der Mitarbeiter anpassen.

- **Realistische Erwartungen setzen**
  Betrachte das Metaverse und andere neue Technologien als langfristige Investition mit ungewissem Ausgang. Experimentiere mit begrenzten Projekten, um Erfahrungen zu sammeln und das Potenzial für dein Unternehmen zu evaluieren. Sei dir der aktuellen Einschränkungen bewusst, wie technologische Unreife, fragmentierte Plattformen und begrenzte Nutzerakzeptanz. Entwickle flexible Strategien, die es dir ermöglichen, dich an die schnelle Entwicklung in diesem Bereich anzupassen.

- **Erfahrungen sammeln**
  Plane jetzt schon für deine Präsenz im Metaverse, trotz der aktuellen Limitationen wie begrenzter Nutzerreichweite und technologischer Hürden. Erstelle virtuelle Stores oder Erlebnisräume, die deine Markenidentität widerspiegeln und sammle Nutzer-Feedback und Erfahrungen als First Mover.

Denkanstoß

Etabliere robuste Sicherheits- und Datenschutzmaßnahmen für AR- und VR-Anwendungen, wie z.B. Verschlüsselungstechnologien und eine sichere Authentifizierung. Berücksichtige die spezifischen Datenschutzherausforderungen, die sich aus der immersiven Natur dieser Technologien ergeben. Stelle transparente Richtlinien zur Datensammlung und -nutzung auf und gib Nutzern Kontrolle über ihre persönlichen Informationen.

Schulung & Empowerment

Die Wahrnehmung, Qualität und Glaubwürdigkeit deiner Customer Experience wird maßgeblich deutlich im persönlichen Umgang mit deinen Mitarbeitern, Dienstleistern oder Handelspartnern. Achte deshalb darauf, dass jeder sich seiner repräsentativen Rolle bewusst ist und effektiv geschult und befähigt ist, außergewöhnliche Kundenerlebnisse zu schaffen.

- **Umfassendes Onboarding**
  Das Onboarding neuer Mitarbeiter und Partner sollte nicht nur in die fachlichen Aufgaben einführen, sondern auch die Unternehmenskultur und Kundenerlebnis-Philosophie umfassen und erfahrene Mitarbeiter als Mentoren anbieten.

- **Dokumentation CX Zielbild**
  Erfasse die angestrebte Customer Experience und Markenwahrnehmung, wesentliche Kunden-Bedürfnisse und deren Erfüllung sowie die relevanten Touchpoints und kritischen Erlebnisse auf der Customer Journey. Stelle sicher, dass jeder Mitarbeiter seinen Einfluss kennt und versteht.

- **Modulares Schulungssystem**
  Biete regelmäßige Workshops zu Themen wie Emotionale Intelligenz, Konfliktmanagement und neue Technologien an. Implementiere eine Lernplattform, die personalisierte Lernpfade basierend auf individuellen Stärken und Entwicklungsbedarfen erstellt.

Experience Mission Statement

„At American Express, we have a mission to be the world's most respected service brand. To do this, we have established a culture that supports our team members to provide exceptional service to our customers."

© American Express

Praxis-Tipp

Ein **Customer Experience Mission Statement** ist eine Unternehmens-Leitlinie, die beschreibt, wie das Kundenerlebnis für jeden einzelnen Kunden aussehen soll.

- Was ist unser Markenversprechen?
- Was ist der Mehrwert für den Kunden?
- Welche Erlebnisse liefern wir?
- Was sollen unsere Kunden fühlen?
- Wie ist die Customer Experience in Produkten und Prozessen erlebbar?

Implementierung

Customer Experience Training

© Hubspot

- **Entscheidungskompetenz stärken**
  Etabliere klare Richtlinien, die Mitarbeitern Entscheidungsfreiheit in Kundensituationen geben. Definiere Eskalationsstufen und Befugnisse präzise. Trainiere deine Mitarbeiter in kritischem Denken und situativer Entscheidungsfindung.

- **CX ist Führungsaufgabe**
  Etabliere die Kundenzufriedenheit als generelle Kennzahl in die Leistungsbeurteilung von Führungskräften und incentiviere erfolgreiche Entscheidungen und Maßnahmen, diese zu fördern.

- **Aktives Vorschlagswesen**
  Nutze die tägliche Erfahrung deiner Mitarbeiter im Kundenkontakt. Ermutige sie, aktiv Vorschläge zur Verbesserung der Kundenzufriedenheit zu machen. Nutze dazu 360-Grad-Feedback-Runden oder ein digitales Feedbacktool. Organisiere regelmäßige Innovationsworkshops oder Hackathons, bei denen interdisziplinäre Teams an Kundenproblemen arbeiten.

- **CX Controlling**
  Versetze dich regelmäßig in die Rolle deiner Kunden und überprüfe selbst das Kundenerlebnis in kritischen Bereichen. Besuche anonym Geschäfte, informiere dich online, teste den Kauf- oder Rückgabeprozess und stelle den Kundenservice auf die Probe.

Wissenswert

Mystery Shopping fördert die Einhaltung von Customer Experience Standards:

- 20% Steigerung Kundenzufriedenheit
- 34% Verbesserte Einhaltung der Unternehmensstandards
- 15% Umsatzsteigerung durch gezielte Mitarbeiterschulungen
- 25% Reduktion Kundenabwanderung
- 50% Steigerung Upselling-Rate

Quellen: The Retail Equation, Market Force Information, IntelliShop, Customer Perceptions, Shopmetrics

Kundenorientierte Organisation

Kundenorientierung muss tief in deiner Organisation und Unternehmenskultur verankert sein. In diesem Abschnitt erfährst du, wie du deine Organisation und Kultur so gestaltest, dass der Kunde im Mittelpunkt allen Handelns steht.

- **Kundenzentrische Werte definieren**
  Entwickle ein Set von Kernwerten, die Kundenorientierung in den Mittelpunkt stellen. Verankere diese Werte in alle Unternehmensprozesse, von der Mitarbeiterrekrutierung bis zur Leistungsbewertung. Schaffe sichtbare Symbole und Rituale, die diese Werte im Arbeitsalltag lebendig machen.

- **Kundenorientierte Führung**
  Entwickle Führungskräfte zu Vorbildern für Kundenorientierung. Implementiere Schulungsprogramme, die Führungskräfte befähigen, kundenorientiertes Verhalten vorzuleben und zu fördern. Integriere Kundenfokus in die Führungskräftebeurteilung. Etabliere regelmäßige "Customer Immersion Sessions" für das Top-Management, um den direkten Kontakt zur Kundenbasis zu erhalten.

- **Übergreifende Zusammenarbeit**
  Implementiere cross-funktionale Teams, die sich auf spezifische Kundengruppen oder Customer Journeys konzentrieren. Erleichtere und fördere abteilungsübergreifende Zusammenarbeit, um ganzheitliches Verständnis für Kundenbedürfnisse zu entwickeln.

Implementierung

- **Kundenbeteiligung**
  Etabliere ein System, das die Stimme des Kunden systematisch in Prozesse auf allen Entscheidungsebenen einbezieht. Implementiere ein "Customer Advisory Board", das regelmäßig zu strategischen Entscheidungen konsultiert wird und führe in Schlüsselprojekten die Rolle des "Customer Advocate" ein, der die Kundenperspektive vertritt.

- **Fehlerkultur positiv gestalten**
  Entwickle eine Kultur, in der Fehler als Lernchancen begriffen werden. Implementiere ein systematisches "Lesson Learned"-Verfahren nach Kundeninteraktionen, die nicht optimal verlaufen sind. Etabliere Mechanismen, die Mitarbeiter dafür belohnen, proaktiv Verbesserungspotenziale zu identifizieren und anzugehen.

- **Kundenorientierte Anreizsysteme**
  Entwickle Vergütungs- und Bonussysteme auf allen Ebenen, die die Kundenorientierung explizit berücksichtigen. Integriere Kundenzufriedenheits-Metriken in die Leistungsbeurteilung aller Mitarbeiter, nicht nur des Kundenservice. Gestalte Team-Incentives, die kollaboratives Handeln im Sinne des Kunden fördern. Nutze „Culture Role Models", um kontinuierlich an der Verbesserung der kundenorientierten Kultur zu arbeiten.

Fallbeispiel

Der Spielzeughersteller **LEGO** führte 2008 die Plattform „LEGO Ideas" ein, um Kunden direkt in den Produktentwicklungsprozess einzubinden. Bisher haben sich über 1 Mio. Nutzer auf „LEGO Ideas" registriert. Pro Jahr werden im Schnitt 26.000 Projektideen eingereicht, von denen seit 2011 38 in offiziellen Produkt-Sets realisiert wurden, darunter das „NASA Apollo Saturn V" Set (2017) mit über 864.000 verkauften Einheiten.

Assessment und Transformation

In diesem Kapitel lernst du, wie du den aktuellen Stand deiner Customer Experience erfasst, eine Umsetzungsstrategie planst und diese effektiv implementierst. Wir betrachten die relevanten Fragestellungen, identifizieren wichtige Stakeholder und zeigen dir, wie du Maßnahmen priorisierst und implementierst.

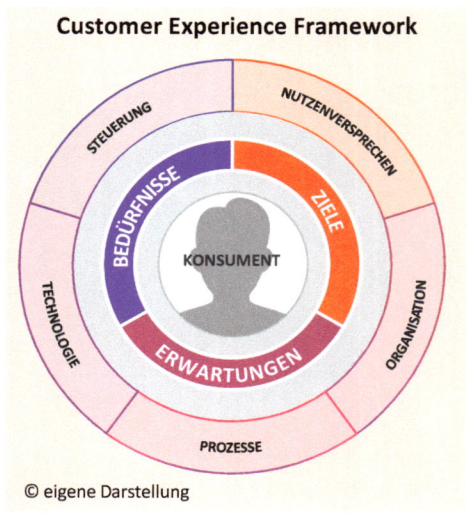

© eigene Darstellung

- **IST-Situation**
  Führe eine umfassende Bestandsaufnahme deiner aktuellen Customer Experience durch. Entwickle einen strukturierten Fragenkatalog, der alle relevanten Aspekte abdeckt - von Touchpoints über Prozesse bis hin zur Unternehmenskultur. Nutze quantitative und qualitative Methoden wie Umfragen, Interviews und Beobachtungen. Involviere dabei verschiedene Stakeholder und Kunden, um ein ganzheitliches Bild zu erhalten.

- **Customer Experience Zielbild**
  Beziehe alle relevanten Stakeholder in die Entwicklung deines CX Zielbildes ein - neben dem Management auch Mitarbeiter aus Kundenservice, Marketing, Vertrieb, IT und Produktentwicklung. Bilde ein cross-funktionales CX-Team, das den Prozess steuert, dokumentiert und eine Kommunikationsstrategie entwickelt, um dein Unternehmen transparent über Ziele und Fortschritte auf dem Laufenden zu halten.

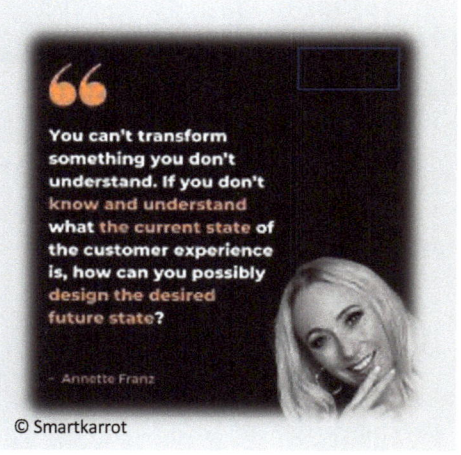

© Smartkarrot

Implementierung

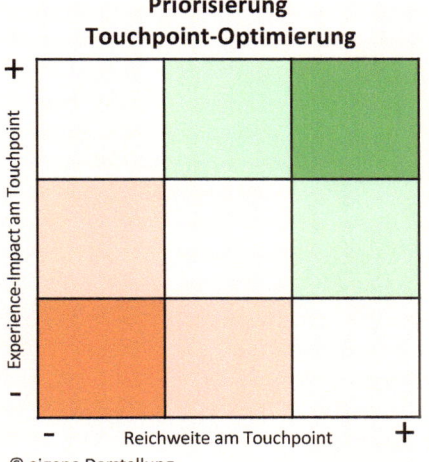

© eigene Darstellung

- **Gap-Analyse**
  Vergleiche den Ist-Zustand mit den angestrebten CX-Zielen. Identifiziere Lücken in Prozessen, Technologien, Fähigkeiten und der Unternehmenskultur. Clustere die gefundenen Gaps basierend auf ihrer Auswirkung auf die Kundenzufriedenheit und strategische Relevanz. Entwickle konkrete Handlungsempfehlungen für jeden Verantwortungsbereich.

- **Pragmatische Priorisierung**
  Nutze eine Priorisierungsmatrix, die den erwarteten Impact und den Umsetzungsaufwand berücksichtigt. Fokussiere zunächst auf Maßnahmen mit hohem Impact und geringem Aufwand. Berücksichtige bei der Priorisierung auch strategische Langzeitziele und potenzielle Synergieeffekte zwischen verschiedenen Initiativen. Entwickle ein Scoring-System, das objektive Kriterien für die Priorisierung festlegt.

- **Transformations-Roadmap**
  Entwickle basierend auf der Gap-Analyse eine detaillierte Roadmap. Definiere klare Meilensteine und Zwischenziele. Berücksichtige dabei Abhängigkeiten zwischen verschiedenen Maßnahmen und verfügbare Ressourcen. Plane Quick Wins ein, um frühe Erfolge zu erzielen und Momentum für die Transformation zu schaffen.
  Beachte, dass die Customer Experience fortlaufend neu bewertet und optimiert werden muss.

Denkanstoß

Entwickle eine umfassende **Change Management Strategie** für die CX-Transformation. Etabliere ein Netzwerk von Change Agents in verschiedenen Unternehmensbereichen. Nutze regelmäßige Feedback-Schleifen, um den Fortschritt zu überprüfen und die Strategie bei Bedarf anzupassen. Feiere und kommuniziere Erfolge, um die Motivation und das Engagement aller Beteiligten aufrechtzuerhalten. Begegne Widerständen proaktiv und empathisch.

Key Performance Indicators (KPI)

Die systematische Messung und Analyse der Customer Experience ist entscheidend für die kontinuierliche Verbesserung und den Erfolg der CX-Strategie. Durch datenbasierte Erkenntnisse können Unternehmen Stärken und Schwächen identifizieren, Trends erkennen und gezielte Optimierungen vornehmen.

Etabliere ein kontinuierliches Monitoring mit verschiedenen Erhebungsmethoden wie Umfragen, Feedbackschleifen, Analyse- und Trackingtools, Social Listening und „Mystery Shopping". Vergleiche die Ergebnisse mit internen und externen Benchmarks. Strebe eine fortlaufende Verbesserung an, in dem du regelmäßige Veränderungen testest.

Indikatoren und Kennzahlen für die CX:

- **Net Promotor Score (NPS)**
  Misst die Weiterempfehlungsbereitschaft der Kunden (Berechnung: Prozentsatz der Promotoren minus Prozentsatz der Kritiker). Ein NPS über 50 gilt in vielen Branchen als exzellent.

- **Customer Satisfaction Score (CSAT)**
  Erfasst die unmittelbare Zufriedenheit nach spezifischen Interaktionen aus einer Skala von 1-5 oder 1-10.

- **Customer Effort Score (CES)**
  Misst, wie einfach es für Kunden war, ihr Anliegen zu lösen mit dem Ziel, Friction Points zu vermeiden

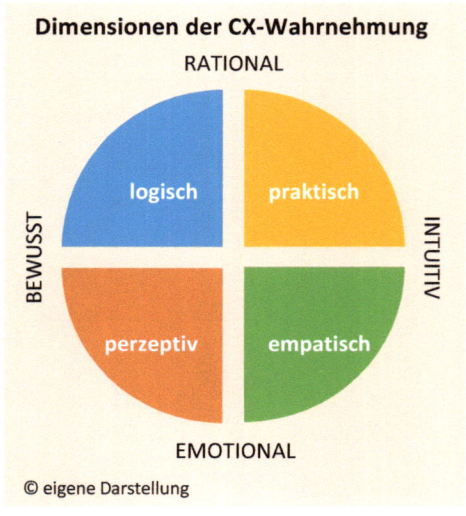

Dimensionen der CX-Wahrnehmung
© eigene Darstellung

Praxis-Tipp

- Segmentierung: Aufschlüsselung der Daten nach Kundengruppen, Kanälen oder Produktlinien
- Trendanalyse: Beobachtung von Veränderungen über Zeit
- Korrelationsanalyse: Identifikation von Zusammenhängen zwischen verschiedenen Metriken
- Predictive Analytics: Vorhersage zukünftigen Kundenverhaltens basierend auf historischen Daten

Messung und Optimierung

5 KPI zur Verbesserung der Customer Experience

© salesmasterguide.com

- **Churn Rate / Retention Rate**
  Zeigt den Prozentsatz der Kunden, die in einem bestimmten Zeitraum abwandern bzw. wiederkehren. Direkter Indikator für den Kundenbindungserfolg. In Variation auch für Anteil (in)aktiver Kunden oder (nicht) reaktivierbarer Kunden anwendbar.

- **Customer Lifetime Value (CLV)**
  Prognostiziert den Gesamtwert eines Kunden über die Dauer der Geschäftsbeziehung, ggf. unter Berücksichtigung der Akquisitionskosten. Hilft bei der Priorisierung von Kundengruppen und CX-Investitionen.

- **Customer Sentiment Analysis**
  Qualitative und quantitative Auswertung von Kundenfeedback oder Social Media-Beiträgen, um Markenbewertung und relevante Themencluster zu identifizieren.

- **Customer Health Score (CHS)**
  Ein zusammengesetzter Wert, der die Gesamt-"Gesundheit" der Kundenbeziehung anzeigt. Kann individuell unterschiedliche Falktoren wie Nutzungsintensität, Support-Anfragen und Engagement berücksichtigen.

- **Referral Rate**
  Der Prozentsatz an Kunden, die aktiv neue Kunden empfehlen oder (positive) Bewertungen abgeben. Starker Indikator für Loyalität und erfolgreiche Brand Advocacy.

Wissenswert

Net Promotor Score (NPS) für ausgewählte deutsche Marken (2023):

+ Porsche (+72)
+ dm-drogerie markt (+66)
+ Fielmann (+64)
- Deutsche Bahn (-42)
- Vodafone (-25)
- Lufthansa (-17)

Beachte: NPS können je nach Methode und Zeitraum der Erhebung variieren

Feedback & Kundenbefragung

In diesem Abschnitt betrachten wir nochmals detaillierter verschiedene Methoden zur systematischen Erfassung und Analyse von Kundenfeedback, mit denen du deine Customer Experience kontinuierlich verbessern kannst.

- **Ganzheitliche Feedback-Strategie**
  Entwirf eine umfassende Strategie zur Erfassung von Kundenfeedback über alle Touchpoints hinweg. Definiere klare Ziele für deine Befragungen und lege eine konsistente Methodik fest, um die Vergleichbarkeit im Zeitverlauf zu gewährleisten.

- **Touchpoint-spezifische Analyse**
  Entwickle maßgeschneiderte Erhebungen für kritische Touchpoints entlang der Customer Journey. Implementiere kurze, kontextbezogene Umfragen über E-Mail, SMS oder In-App-Befragungen direkt nach wichtigen Interaktionen, wie Käufen oder Kundenservice-kontakten.

- **Net Promoter Score (NPS)**
  Implementiere NPS-Befragungen als Kernmetrik für die Kundenloyalität. Führe regelmäßige Pulse-Checks durch zur Früherkennung von Trends durch und ergänze die Standardfrage durch offene Fragen, um tiefere Einblicke in die Gründe für Bewertungen zu erhalten. Verknüpfe NPS-Ergebnisse mit anderen Geschäftskennzahlen, um den CX-Impact zu verdeutlichen.

Kundenzufriedenheit

© eigene Darstellung

Wissenswert

Kundenfeedback ist ein wertvolles Instrument zur Verbesserung von Produkten, Services und Prozessen:

30%	höhere Erfolgsquote bei Produkt-Einführungen
4%	höhere Kundenbindungsrate
23%	Senkung der operativen Kosten
2,5x	schnelles Unternehmenswachstum
55%	höherer Share-of-Wallet

Quellen: MIT Sloan, Qualtrics, Aberdeen Group, Bain & Company

Messung & Optimierung

Customer Sentiment Analyse (Beispiel-Dashboard)

© Upwork

- **Qualitative Forschungsmethoden**
  Ergänze quantitative Befragungen regelmäßig mit qualitativen Forschungsmethoden wie Tiefeninterviews und Fokusgruppen mit repräsentativen Kunden oder ethnografischen Methoden wie Beobachtungen oder Tagebuchstudien, um tiefere Einblicke in das Kundenverhalten zu gewinnen.

- **Real-Time Feedback**
  Implementiere Technologien, die Echtzeit-Feedback ermöglichen. Nutze KI-gestützte Textanalyse, um Kundenkommentare in Social Media und Kundenservicegesprächen auszuwerten. Setze Tools ein, die emotionale Reaktionen in persönlichen oder telefonischen Interaktionen erfassen. Entwickle Dashboards, die Echtzeit-Insights für Entscheidungsträger visualisieren.

- **Closed-Loop Feedback**
  Etabliere einen strukturierten Prozess zur Bearbeitung von Kundenfeedback. Implementiere Regeln, die kritisches Feedback automatisch an verantwortliche Teams weiterleitet. Definiere klare Eskalationswege und Reaktionszeiten für verschiedene Feedbacktypen und ermächtige deine Mitarbeiter, empathisch und lösungsorientiert auf Kundenfeedback zu reagieren. Entwickle individualisierte Handlungsoptionen abhängig vom Kundensegment und –wert.

Fallbeispiel

Der Konsumgüterkonzern Procter & Gamble (P&G) führte 2001 die Open Innovation Initiative „Connect + Develop (C+D)" ein. Das Ergebnis ist beeindruckend:

- **60%** Steigerung Innovationsrate
- **50%** Anteil externer Innovationsideen
- **20%** niedrigere Entwicklungskosten
- **40%** geringere Time-to-Market.
- **200+** C+D generierte neue Produkte mit über $3 Mrd.+ Umsatz (2015)

Fortlaufende Verbesserung

Die unternehmerische Verantwortung für eine fortlaufende Optimierung der Customer Experience ist häufig im Marketing angesiedelt. Doch sie erfordert einen ganzheitlichen Ansatz in technischer, organisatorischer und struktureller Hinsicht.

Als CX-Verantwortlicher stehst du vor der Herausforderung, innovative Lösungen zu implementieren, die sowohl effizient als auch kundenorientiert sind. Dabei greifst du in organisatorisch und oft auch unternehmerisch getrennte Verantwortlichkeiten ein, sei es IT, Vertrieb, Produktentwicklung, Logistik oder auch externe Partner. In größeren Organisationen besteht zudem die Herausforderung, inhomogene Märkte, Daten-, IT-, und KPI-Strukturen zu koordinieren.

www.cex-trendradar.com

Die folgenden Ansatzpunkte helfen dir, deine CX-Strategie zu untermauern und zu vereinheitlichen:

1. **Einheitliche Datengrundlage**
   Sorge für eindeutige Kunden-ID's und verknüpfe alle Interaktionen mit diesem Profil. Entwickle eine einheitliche Datenarchitektur und konsistente KPI zur CX-Bewertung

2. **Knowledge-Transfer**
   Erstelle übersichtliche Dashboards mit Echtzeit-Daten. Etabliere Benchmarks und Eskalationsprozesse. Sorge für Transparenz und Erfahrungsaustausch zwischen allen involvierten Abteilungen und Stakeholdern.

Praxis-Tipp

Künstliche Intelligenz und **Machine Learning** unterstützen zunehmend bei der Bewältigung der CX-Optimierung:

- Conversational AI oder KI-gestützte ChatBots für 24/7 Kundenservice
- Predictive Analytics für personalisierte Angebote u. Inhalte (NBA/NBO)
- KI-basierte Sprach- und Textanalyse
- KI-unterstütze Test und Optimierung
- Mustererkennung für Segmentierung und Customer Journey Mapping

Messung und Optimierung

Kunden Begeistern (KANO Modell)

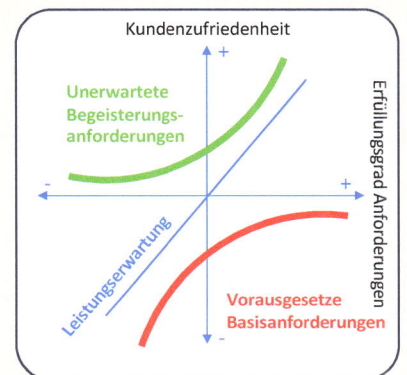

Lesehilfe:
- Überproportionale Kundenzufriedenheit durch unerwartete Erlebnisse und Experiences
- Unterproportionale Kundenzufriedenheit bei Erfüllung erwarteterAnforderungen (Hygiene-Faktoren)

© Noriako Kano / Jeroen Kraaijenbrink

Lesetipp

Anthony W. Ulwick: Jobs to be Done, Theory to Practice, Independently Published, 2016, ISBN: 979-8386344573
Artikel Medium: https://bit.ly/4g8GwV2

Jim Kalbach: The Jobs to Be Done Playbook: Align Your Markets, Organizations, and Strategy Around Customer Needs, Rosenfeld Media, 2020 ISBN: 978-1933820682

Weitere Hintergründe zum Kano-Modell und zu Methoden zur Begeisterung deiner Kunden findest Du im Ratgeber „Sei kompetitiv!"

3. **Test & Learn**
   Entwickle die technische Infrastruktur und statistische Auswertungen für kontrollierte CX-Experimente. Etabliere eine datengestützte Argumentation und Kultur der kontinuierlichen Verbesserung. Nutze KI-unterstütze Tools zur Automatisierung der Tests.

4. **Jobs to be Done**
   Erforsche die (eigentlichen) Beweggründe von Nutzern, die oft über die eigentliche Produktleistung hinaus gehen. Beobachte das Verhalten von Kunden über Touchpoints hinweg und identifiziere unterschiedliche Muster und Verhaltenstrigger

5. **Customer Self Service**
   Implementiere fortschrittliche Such-Algorithmen für digitale Inhalte, FAQ-Systeme oder ChatBots und Regel-Engines für automatisierte Entscheidungen in Standard-Situationen mit 24/7 Verfügbarkeit.

6. **Personalisierung**
   Knüpfe deine Maßnahmen im Customer Service, CRM-Marketing oder Win-Back-Kampagnen an individuelle Kundenparameter wie CLV oder Zufriedenheitsgrad.

7. **Analyse Feedback & Stimmung**
   Nutze alle Quellen und implementiere fortschrittliche Text-Mining Algorithmen, um Kundenfeedback zu analysieren.

Treiber, Trends & Thesen

In den vorangegangenen Kapiteln haben wir die Bedeutung der Customer Experience als zentralen Erfolgsfaktor in der heutigen Geschäftswelt beleuchtet.

Wir haben gelernt, dass ein ganzheitlicher Ansatz entscheidend ist, der alle Berührungspunkte zwischen Unternehmen und Kunden umfasst. Die Implementierung einer kundenorientierten Unternehmenskultur, die Nutzung von Daten und Technologien zur Personalisierung sowie die kontinuierliche Optimierung der Customer Journey haben sich als Schlüsselelemente herauskristallisiert.

© dizanna, depositphotios

Mit diesen Erkenntnissen im Gepäck wenden wir uns nun der Zukunft zu: Die Zukunft der Customer Experience wird maßgeblich von technologischen Fortschritten, sich wandelnden Kundenerwartungen und globalen Herausforderungen geprägt. Künstliche Intelligenz, das Internet der Dinge und immersive Technologien revolutionieren die Art und Weise, wie Unternehmen mit ihren Kunden interagieren.

Gleichzeitig fordern immer anspruchsvollere Kunden nahtlose, personalisierte und ethisch verantwortungsvolle Erlebnisse. Der Fokus auf Datenschutz, Nachhaltigkeit, und sozialer Verantwortung gewinnt zunehmend an Bedeutung.

Denkanstoß

Verbrauchererwartungen an Customer Experience im Jahr 2030:

- 80% Personalisierung in Echtzeit
- 80% Kaufentscheidungen abhängig von Nachhaltigkeitsfaktoren
- 75% nahtlose Omnichannel Experience
- 75% proaktiver Kundenservice
- 61% AR/VR integraler Bestandteil des Einkaufserlebnisses

Quellen: Epsilon, Deloitte, PwC, Salesforce, Accenture

Ausblick

Emerging Technologies

© nagarro.com

In sieben Thesen stellen wir zentrale Handlungsfelder vor. Behalte diese im Blick und achte auf neue Technologien, Lösungen oder Entwicklungen. Damit bleibst du auch in Zukunft agil, innovativ und wettbewerbsfähig, um dich auch weiterhin mit herausragenden Kundenerlebnissen zu positionieren.

1. **Hyperpersonalisierung wird zur Norm - oder zum Albtraum**
   Nutze die Macht der Daten, um maßgeschneiderte Erlebnisse zu schaffen, aber sei dir der schmalen Gratwanderung zwischen Personalisierung und Privatsphäre bewusst. Implementiere KI-gestützte Systeme, die Kundenpräferenzen in Echtzeit analysieren und vorhersagen. Stelle sicher, dass deine Personalisierungsstrategien transparent sind und den Kunden die Kontrolle über ihre Daten geben.

2. **Omnichannel stirbt - es lebe das kanallose Erlebnis**
   Vergiss die Idee getrennter Kanäle. Schaffe stattdessen ein nahtloses, kanalübergreifendes Kundenerlebnis. Investiere in Technologien, die eine 360-Grad-Sicht auf den Kunden ermöglichen. Trainiere deine Mitarbeiter, konsistente Erlebnisse über alle Touchpoints hinweg zu liefern, egal ob digital oder physisch.

Lesenswert

Futurize: Future of Retail 2030
https://bit.ly/4dJwg4f

Accenture: Life Trends 2024
https://bit.ly/4dFMJGs

Ericsson: 10 Hot Consumer Trends 2030
https://bit.ly/4fZxQ3v

Arvind Mehrotra: 10 Customer Experience Trends to Master by 2030
https://bit.ly/4dMjLVE

Treiber, Trends & Thesen

3. **Automatisierung wird menschlich - oder verschwindet**
   Setze auf empathische KI und Chatbots, die nicht nur effizient, sondern auch emotional intelligent sind. Entwickle Automatisierungslösungen, die menschliche Interaktionen ergänzen, nicht ersetzen. Behalte den menschlichen Touch bei komplexen oder emotionalen Kundenanliegen bei.

4. **Nachhaltigkeit: Von der Kür zur Pflicht im Kundenerlebnis**
   Integriere Nachhaltigkeitsaspekte in jeden Schritt der Customer Journey. Kommuniziere deine Umwelt- und Sozialverantwortung transparent und ermögliche es Kunden, durch ihre Interaktion mit deinem Unternehmen positiv zu wirken. Entwickle Produkte und Services, die sowohl Kundenbedürfnisse befriedigen als auch zur Nachhaltigkeit beitragen.

5. **Virtual und Augmented Reality: Mehr als nur Spielerei**
   Nutze immersive Technologien, um einzigartige und unvergessliche Kundenerlebnisse zu schaffen. Implementiere AR-Lösungen für virtuelle Produkttests oder VR für immersive Markenerlebnisse. Denke darüber nach, wie du diese Technologien nutzen kannst, um Kundenservice, Schulungen oder Produktpräsentationen zu revolutionieren.

© smartkarrot

Wissenswert

- 2021 hat Nike das auf die Schaffung von virtuellen Sneakern und NFTs spezialisiert digitale Kunststudio RTFKT übernommen
- Die virtuelle Welt „Nikeland" auf der Spieleplattform Roblox verzeichnete innerhalb von 6 Monaten 7 Mio. Besuche aus 224 Ländern
- Bis August 2023 hat Nike einen Umsatz von ¢185 Mio. durch den Verkauf von NFTs erzielt.

Trends & Ausblick

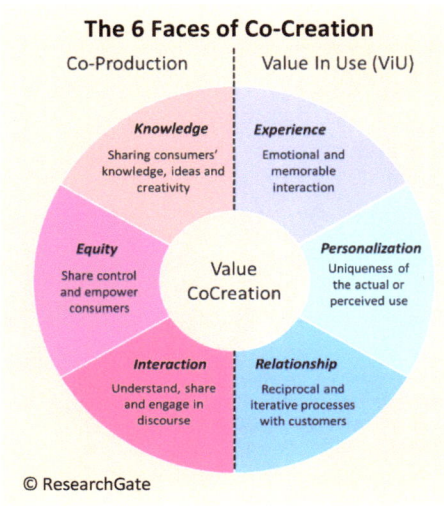

6. **Predictive Service: Löse Probleme, bevor sie entstehen**
   Setze auf prädiktive Analysen und IoT-Technologien, um potenzielle Kundenprobleme frühzeitig zu erkennen und proaktiv zu lösen. Entwickle Systeme, die Wartungsbedarf vorhersagen oder Kundenverhalten antizipieren. Schaffe einen Kundenservice, der nicht nur reagiert, sondern vorausschauend agiert.

7. **Co-Creation: Deine Kunden werden deine besten Innovatoren**
   Involviere deine Kunden aktiv in Produktentwicklung und Service-Design. Schaffe Plattformen und Prozesse, die es Kunden ermöglichen, Ideen einzubringen und Feedback zu geben. Nutze Crowdsourcing und Open Innovation, um gemeinsam mit deiner Community neue Lösungen zu entwickeln.

Indem du diese Trends und Thesen in deine Customer Experience-Strategie integrierst, stellst du sicher, dass dein Unternehmen für die Herausforderungen und Chancen der Zukunft gewappnet ist. Bleib agil, experimentierfreudig und stets kundenorientiert - so schaffst du Erlebnisse, die begeistern und Kunden langfristig an deine Marke binden.

Viel Erfolg!

Lust auf mehr?

Sei kreativ!
Ideenfindung leicht gemacht
Anwendungs-Tipps zum Einsatz von Kreativitätstechniken dank Assoziationen, Spielen und Basteln, Analogien, dem Wechsel von Perspektiven, aber auch dem Überwinden eigener Dogmen. Ideen zu finden, macht Spaß und ist die Basis für Innovationen.

Sei konstruktiv!
Problemlösung möglich gemacht
Anwendungs-Tipps (wie das U-Boot- oder Virus-Prinzip) zum strukturierten und lösungsorientierten Überwinden von Hindernissen und dem erfolgreichen Umsetzen von neuen Ideen oder Vorgaben. Ob ein Problem erfolgreich gelöst wird oder nicht, hängt meist ganz alleine von uns und unserem Team ab.

Sei innovativ!
Neue Wege, neue Lösungen
Anwendungs-Tipps zum Innovationsmanagement und der Geschäftsentwicklung in den Bereichen: Produkte, Prozesse und Geschäftsmodelle. Woher kommen Verbesserungen, Neuentwicklungen oder gar Disruptionen? Was ist nötig, damit aus Ideen erfolgreiche Innovationen werden?

Sei kompetitiv!
Wettbewerbsfähigkeit stärken
Anwendungs-Tipps zu den diversen Wettbewerbsstrategien, wie Dominanz, Differenzierung, Diversifikation, Disruption etc., mit ihren unterschiedlichen Strategietypen (wie Erfinder, Verkäufer, Retter, Markt- oder Kostenführer). Denn nur „Durchwurschteln" führt zu Preiswettbewerb und Existenzgefahr.

Sei digital!
Mehr Digitalisierung bitte!
Anwendungs-Tipps zu der Digitalisierung von Organisationen mit den Schwerpunkten: Vernetzung, Automatisierung, Datenmanagement, IT-Sicherheit, dem Blick auf neue Technologien (wie Blockchain, Metaversum, 3D Druck, Quantencomputing) sowie dem Aufruf zu einer digitalen Transformation.

Digital Business
Moderne Geschäftsmodelle
Anwendungs-Tipps zu digital-orientierten Geschäftsmodellen wie Netzwerk-, Service-, Daten-, Plattform-, Creator-, Token- und Meta-Ökonomie. Denn am Ende sind es immer Geschäftsmodelle, die den digitalen Wandel treiben. Und wer nicht aufpasst wird toxisch, schon aufgrund digitaler Disruptionen.

Strategie mit KI
Künstliche Intelligenz als strategischer Hebel
Anwendungs-Tipps zum Einsatz der künstlichen Intelligenz – sowie Business Intelligenz und gesamten Data Science - zur Steigerung der Wettbewerbsfähigkeit. Wie unterstützt die KI moderne Geschäftsmodelle und eröffnet dadurch neue Wachstumsmöglichkeiten.

Sei erlebbar!
Marken in der modernen Welt
Markenbildung ist in der heutigen dynamischen Welt ein entscheidender Faktor für Unternehmen, um sich abzuheben, Vertrauen zu schaffen und langfristige Kundenbeziehungen aufzubauen, indem sie durch Geschichten oft eine größere Wirkung erzielen als durch reine Fakten.

… schau einfach mal rein…

www.linkedin.com/in/stefanvoss

PODCAST: Changemakers Unplugged, Dr. Jana Moser, 2024:
„Change Management" **https://bit.ly/49fWRCH**

PODCAST: Bewerbungsstark, Sabine Lanius, 2024:
„Kundenorientierung, Vom Buzzword zur strategischen Führungsaufgabe"!
https://lnkd.in/ejKK6B9V

HORIZONT: „Intelligente Lösungen für Data Driven Marketing in der Post-Cookie Ära"
(2023): **https://lnkd.in/efRM5B6W**

MARKENARTIKEL MAGAZIN: „Marken-Ökosysteme: Erfolgreich in der Platform Ökonomie"
(2023): **https://lnkd.in/eVCTmPCX**

WHITEPAPER: „Data Clean Rooms: A Guide for Decision Makers in Marketing",!
(2023): **https://lnkd.in/edMbeGVV**

... oder lass Dich von mir coachen

Stefan Voss

stefan@thedigitalsherpa.de
www.thedigitalsherpa.carrd.co

Erfahrener Experte für digitale Strategie & Transformation.

Seit über 25 Jahren unterstütze ich nachhaltiges Wachstum und Wettbewerbsfähigkeit namhafter Unternehmen und Marken durch strategische Expertise in der Digitalisierung und Innovation sowie operativer Verantwortung an der Schnittstelle von Markenführung, Technologie und operativer Umsetzung.

Als Digital-Stratege, Management Consultant und Professional Services Executive habe ich mehrfach erfolgreich Marken entlang der Kundenschnittstelle digitalisiert, digitale Geschäftsmodelle eingeführt und komplexe Transformationsprojekte geleitet. Dabei habe ich nachhaltig Wachstum, Innovation und Wettbewerbsvorteile stimuliert.

Heute begleite ich unter der Marke TheDigitalSherpa C-Level Entscheider bei strategischen, operativen, technischen und kaufmännischen Fragestellungen der Digitalisierung mit Fokus auf Marketing & Sales Funktionen. Zusätzlich bin ich als Autor, Dozent, Investor und Board Advisor aktiv.

www.ingramcontent.com/pod-product-compliance
Lightning Source LLC
Chambersburg PA
CBHW040329220526
45473CB00009B/2619